Falafel & Co

Foodfotografie: Barbara Lutterbeck
Text und Bildreportage: Jürgen Christ
Rezepte: Stefan Blömker

Inhaltsverzeichnis

ICH TRÄUME VON EINEM **BEDUINEN,** DER AUF EINEM WEISSEN KAMEL LANGSAM DURCH DIE **FLIMMERNDE WÜSTE** REITET. ER RUFT MIR AUS WEITER FERNE ETWAS ZU, UNDEUTLICH, WIE EIN SINGSANG. ICH ÖFFNE DIE AUGEN — UND SEHE DURCH DEN SPÄRLICH BELEUCHTE-TEN **PALMENGARTEN** IN DIE DUNKELHEIT HINAUS.

DER TRAUM IST VORBEI, DOCH DER SINGSANG GEHT WEITER. ES IST DER MUEZZIN, DER MICH MIT SEINEM LANGGEZOGENEN, ANGENEHM DURCHDRINGENDEN RUF GEWECKT HAT. ER RUFT DIE GLÄUBIGEN MOSLEMS ZUM GEBET, UM HALB VIER. FÜR MICH IST ES MITTEN IN DER NACHT. FÜR MICH IST ES DER ORIENT, DER DA IN MEIN OHR DRINGT. ALLMÄHLICH KOMMT DIE ERINNERUNG WIEDER. ICH LIEGE IN EINEM BEQUEMEN BETT DES HOTELS »SEVEN ARCHES« IN JERUSALEM,

direkt am Ölberg. Gestern noch sind wir bei trostlosem Wetter in Frankfurt in das Flugzeug gestiegen. Nach der ruckeligen Landung in Tel Aviv blies uns beim Aussteigen heißer Wind ins Gesicht. Das ist jetzt der Orient, dachten wir. Doch die 65 Kilometer Fahrt im Shuttle-Bus nach Jerusalem kamen uns irgendwie bekannt vor. Die Landschaft erinnerte uns abwechselnd mal an die Lüneburger Heide, mal an die Schwäbische Alb. Kein bisschen orientalisch! Und als es dann 12 km vor Jerusalem gar in Stop-and-go vorwärts ging, war der Hauch des Morgenlandes wie weggeblasen. Nur noch das penetrante Hupen der Autos im Stau ließ ahnen, wie weit die Heimat weg war.

Doch jetzt bin ich erst einmal müde und bevor noch der Rufer vom nahen Minarett seine seltsam anmutenden Gesänge beendet hat, bin ich wieder eingeschlummert.

Der Tag in Jerusalem beginnt um halb sieben. Die Sonnenstrahlen brennen unbarmherzig auf den parkähnlichen alten Hotelgarten, wo einige Gestalten bereits damit beschäftigt sind, die Rosen zu schneiden und den Rasen zu sprengen. Ein halbes Dutzend Katzen mit schmalen Gesichtern bleibt bei unserem Erscheinen wie auf Kommando stehen und schaut uns an: Wo ist unser Frühstück, scheinen sie zu rufen. Wir finden die Idee gut und wollen zur Belohnung eins der jungen Kätzchen kraulen. Doch die klugen Tiere merken sehr schnell, dass bei uns nichts zu holen ist und sind plötzlich verschwunden. Auf dem Weg zum Frühstückssalon kommen uns bereits Heerscharen von Japanern entgegen, jeder mit einem großen gelben Schal um den Hals. Es sind lauter fromme Pilger, die gleich in den Bus steigen werden, um die heiligen Stätten zu besichtigen. Doch wir wollen jetzt frühstücken, und zwar richtig orientalisch!

In der großen Frühstücks-
halle sieht es aus wie in jedem
Hotel der Welt, wäre da nicht ein
wandgroßes goldenes Panorama, auf
dem die Altstadt von Jerusalem abge-
bildet ist. Doch sofort wird uns die
Realität bewußt: Es ist kein Bild, sondern Wirklichkeit: der Blick vom
historischen Ölberg auf die Mauern,
Dächer und Kuppeln, ein Blick auf
2000 Jahre Geschichte in Stein.

Es dauert eine ganze Wei-
le, bis wir uns von dem faszinie-
renden Ausblick lösen und anderen
Tatsachen ins Auge blicken können.
Für die hat Odeh Abu El-Hawa, der
Chefkoch, mit seinen Leuten gesorgt.
Auf einem großen Buffet ist ein gigan-

tisches Sortiment von Vorspeisen und Appetithappen angerichtet,
deren Anblick uns schon das Wasser im Mund zusammenlaufen
lässt. Da gibt es Babaganush, pürierte Auberginen, jede Menge
Pitabrot, gefüllte Weinblätter, halbmondförmige Teigtaschen mit
Spinat, fünf verschiedene Sorten Oliven, eingelegte Gemüse, getrocknete Tomaten in Öl, frittierte Kibbeh – eine Art Fleischpastet-
chen –, Wachteleier, Foul – rotbraune Bohnen in Zitronensaft und
Olivenöl – und natürlich Humus, den pikanten Kichererbsenbrei.
Verschiedene Saucen und Pasten verhelfen den Happen zu einer mil-
den bis feurigen Schärfe. Vor den »gefährlichsten« warnt uns der
Frühstückskellner ausdrücklich: Zhoug, einer Chilipaste mit Petersilie und Koriander und Harissa, einer Chili-Knoblauch-Mischung.
Auch die Salate haben es in sich: Tabouleh, eine Mischung aus klein
geschnittener Petersilie, Minze und Bulgur (geröstetem Weizen)
oder Fattoush, eine Art Capricciosa-Salat mit Fladenbrotstücken.

Da ist er also wieder, der Orient, und diesmal nicht nur
ein Hauch davon. Die zauberhaften Reize des Morgenlandes hier
auf dem Frühstückstisch – das ist Orient pur.

Würzendes

Einen Vorrat an **exotischen Zutaten** und Gewürzen im Haus zu haben erweist sich für viele Gerichte,
nicht nur **orientalische**, als praktisch. Za'atar,
die **Kräutermischung** und die **Chilipaste**
Zhoug kann man selber machen und gut aufbewahren.

ZA'ATAR (IM BILD VORNE UND SEITE 77)

FÜR 175 G
ZUBEREITUNGSZEIT: ETWA 20 MINUTEN

> SESAM IN EINER PFANNE ohne Fett einige Minuten rösten und dabei
> ständig rühren. Dann den Sesam abkühlen lassen.
>
> ALLE ZUTATEN in einen Mörser geben und grob zermahlen.

ZHOUG (BILD SEITE 77)

FÜR 100 G
ZUBEREITUNGSZEIT: ETWA 30 MINUTEN

> DIE CHILISCHOTEN ENTKERNEN, klein schneiden und in einem Mörser
> fein zermahlen. Den Knoblauch schälen und durch die Presse in den
> Mörser drücken.
>
> DIE PETERSILIE und den Koriander waschen und mit einem Küchentuch
> trockentupfen. Die Blätter abzupfen, fein hacken und zu den Chilischo-
> ten geben.
>
> NACH UND NACH die restlichen Zutaten hinzufügen und alles zu einer
> Paste verarbeiten.
>
> MIT SALZ und Pfeffer würzen.

ZA'ATAR

75 g Sesamsamen
50 g getrockneter Oregano
50 g getrockneter
  gemahlener Thymian

ZHOUG

3 frische grüne oder
  rote Chilischoten
3 Knoblauchzehen
4 Stängel Petersilie
4 Stängel Koriandergrün
$1/2$ EL gemahlener
  Kreuzkümmel
1 EL Olivenöl
1 EL Zitronensaft
Salz, Pfeffer

Falafel

Die **Bällchen aus Kichererbsen** kennt in Israel jedes Kind. Als Verpackung dient **Pitabrot.** Auch in Deutschland grassiert das Falafel-Fieber: Immer mehr orientalische Snackbuden machen mit den kleinen braunen Kichererbsenkugeln ihren Umsatz. Dabei kommen auch Gesundheitsapostel voll auf ihre Kosten: Erstens ist der **Imbiss** fleischlos und zweitens wird hier automatisch eine **ordentliche Portion Salat** mitgeliefert.

TIPP

Sie können die Zutaten auch durch den Fleischwolf drehen. Noch besser sogar ist ein großer Mörser. Damit bleibt die Konsistenz der Masse luftig und körnig.

FÜR 4 PERSONEN
ZUBEREITUNGSZEIT: ETWA 1 STUNDE
EINWEICHZEIT: ETWA 12 STUNDEN
235 KCAL PRO PERSON

> **DIE KICHERERBSEN WASCHEN** und über Nacht in reichlich Wasser einweichen.

DIE GELÖSTEN HÜLSEN entfernen und die Erbsen abgießen. Vom Koriander die Blätter abzupfen und fein hacken. Die Zwiebel schälen und vierteln. Den Knoblauch schälen und grob hacken.

DIE ERBSEN MIT DEN restlichen Zutaten in einem Mixer zermahlen. Mit Salz und Pfeffer würzen. Den Teig gleich zu kleinen Bällchen formen.

ÖL ETWA 4 CM HOCH in eine tiefe Pfanne oder einen Wok geben und bei mittlerer Hitze erhitzen.

DIE TEIGBÄLLCHEN vorsichtig in das heiße Öl geben. 2 – 3 Minuten fritieren, bis sie braun sind.

FERTIGE FALAFEL mit einem Schaumlöffel herausnehmen und auf Küchenpapier gut abtropfen lassen. Mit Salat oder Gemüse in eine Pitabrottasche füllen.

ZUTATEN

250 g getrocknete
  Kichererbsen
$1/2$ Bund Koriandergrün
  oder $1/2$ TL gemahlener
  Koriander
1 Zwiebel
1 Knoblauchzehe
$1/2$ TL gemahlener
  Kreuzkümmel
1 EL Zitronensaft
Salz, Pfeffer
Öl zum Frittieren

Humus

Sie können im israelischen Restaurant bestellen, was Sie wollen – Humus taucht zwangsläufig irgendwann auf dem Tisch auf. Und immer wieder ist dieses cremige Kichererbsenpüree anders zubereitet, immer anders belegt. Probieren Sie für den Anfang das folgende Grundrezept:

FÜR 4 PERSONEN
EINWEICHZEIT: ETWA 12 STUNDEN
ZUBEREITUNGSZEIT: ETWA 1 1/2 STUNDEN
390 KCAL PRO PERSON

DIE KICHERERBSEN GUT WASCHEN und über Nacht in reichlich Wasser einweichen. Dann die Erbsen zwischen den Fingern reiben, so dass sich die Haut ablöst. Die abgelösten Häute mit einem Schaumlöffel abschöpfen. Das Einweichwasser durch ein Sieb gießen und aufbewahren.

DIE ZWIEBEL UND DEN KNOBLAUCH schälen und klein hacken. Öl in einem tiefen Topf erhitzen. Die Zwiebel glasig dünsten. Den Knoblauch und die Erbsen hinzugeben und mit dem Einweichwasser gut bedecken. Die Erbsen kurz aufkochen und bei schwacher Hitze in etwa 1 Stunde weich köcheln lassen. Die Flüssigkeit abgießen und beiseite stellen.

DIE ERBSEN zu einer feinen Masse pürieren. Tahinapaste und Zitronensaft darunter mischen und mit Salz abschmecken. Eventuell noch etwas Kochflüssigkeit hinzufügen.

HUMUS AUF TELLER verteilen und mit einem Esslöffel in der Mitte Vertiefungen formen. Humus wird nun noch garniert, zum Beispiel:

IN EINE VERTIEFUNG 1 Esslöffel Olivenöl gießen und die Petersilie darüber streuen. Mit einer feuchten Gabel ein Muster mit Paprikapulver in den Humus drücken.

DIE FRÜHLINGSZWIEBEL in feine Ringe schneiden, mit Foul mischen und auf den Humus setzen.

DIE PINIENKERNE OHNE FETT in einer Pfanne rösten. In die Vertiefung 1 Esslöffel Olivenöl gießen und Pinienkerne und Paprikapulver auf den Humus streuen.

ZUTATEN

250 g getrocknete
   Kichererbsen
1 Zwiebel
3 Knoblauchzehen
1 EL Öl
50 g Tahinapaste
2–3 EL Zitronensaft
Salz

Für die Garnitur:
2 EL Olivenöl
3 EL Petersilie,
   fein gehackt
Paprikapulver
1 Frühlingszwiebel
1 EL Foul (Seite 15)
20 g Pinienkerne

Foul

Sie haben die Wahl: Entweder greifen Sie für den **Bohnensalat** zur bequemen Dosenkonserve oder Sie machen sich ein wenig Mühe und kaufen getrocknete **Foul- oder Fababohnen** bei Ihrem türkischen Händler, um sie dann über Nacht einzuweichen. Im letzteren Falle läuft die rotbraune Hülsenfrucht **geschmacklich zur Höchstform** auf und bedankt sich so für die Mehrarbeit. Ersatzweise können Sie auch die Acker- oder Saubohne verwenden – falls Ihr Händler gerade mal Urlaub in der Türkei macht.

Knoblauch lässt sich wesentlich besser schälen, wenn Sie die Zehen kurz mit heißem Wasser übergießen.

FÜR 4 PERSONEN
ZUBEREITUNGSZEIT: ETWA 1$^1/_2$ STUNDEN
EINWEICHZEITEN: 2 X 12 STUNDEN
385 KCAL PRO PERSON

▸ **FOULBOHNEN GRÜNDLICH WASCHEN** und über Nacht in reichlich Wasser einweichen.

BOHNEN MIT DEM EINWEICHWASSER in einem Topf zugedeckt kurz aufkochen und bei schwacher Hitze in etwa 1 Stunde weich köcheln lassen. Falls notwendig, noch Wasser dazugeben.

KNOBLAUCH SCHÄLEN und in eine Schüssel pressen. Petersilie waschen, die Blätter abzupfen und fein hacken. Tomate waschen, vierteln, entkernen (dabei auch den Stielansatz entfernen) und in feine Würfel schneiden. Petersilie, Knoblauch und Tomatenstücke mit Salz und 1 Prise Kreuzkümmel würzen. Zitronensaft und Olivenöl darüber gießen und alles gut miteinander vermischen.

DIE WEICHEN BOHNEN über ein Sieb abgießen und gut mit der Marinade vermischen.

FOUL IM KÜHLSCHRANK über Nacht ziehen lassen.

ZUTATEN

300 g getrocknete
  Foulbohnen
3 Knoblauchzehen
1 Bund glatte Petersilie
1 Tomate
Salz
gemahlener Kreuzkümmel
150 ml Olivenöl
100 ml Zitronensaft

Babaganoush

Wenn Sie orient-erfahrenen Gästen oder gar Orientalen Mezze servieren und diese nervös mit den Fingern schnippen sehen, dann haben Sie garantiert **Babaganoush** vergessen, das pikante **Auberginenpüree**, das als **Vorspeise oder Dip** serviert wird. Dabei ist es einfach und ganz schnell herzustellen: Wenn im Ofen ohnehin schon ein Gericht vor sich hin schmort, so legen Sie einfach die blauen Eierfrüchte dazu.

FÜR 4 PERSONEN
ZUBEREITUNGSZEIT: ETWA 10 MINUTEN
BACKZEIT: 30–40 MINUTEN
135 KCAL PRO PERSON

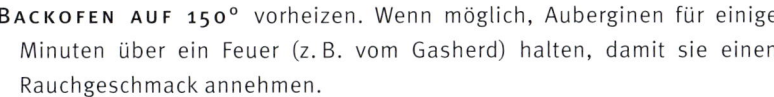

ZUTATEN

2–3 Auberginen
  (etwa 600 g)
2 Knoblauchzehen
$1/2$ Bund Petersilie
2 EL Tahina (Sesampaste)
2–3 EL Zitronensaft
2 EL Olivenöl
Salz
schwarzer Pfeffer

> **BACKOFEN AUF 150°** vorheizen. Wenn möglich, Auberginen für einige Minuten über ein Feuer (z. B. vom Gasherd) halten, damit sie einen Rauchgeschmack annehmen.

AUBERGINEN MIT EINER GABEL mehrmals einstechen und im Ofen (Mitte, Umluft 130°) 30–40 Minuten garen, bis sie weich sind.

MIT EINEM MESSER die Auberginen der Länge nach einschneiden und das Fruchtfleisch mit einem Löffel herausschaben. Die Schale wegwerfen.

DAS FRUCHTFLEISCH PÜRIEREN und in eine Schüssel geben. Knoblauch schälen und zerdrücken. Petersilie waschen, die Blätter abzupfen und fein hacken. Nach und nach Knoblauch, Petersilie, Tahinapaste und Zitronensaft zur Auberginenmasse geben und alles gut verrühren.

OLIVENÖL UNTERRÜHREN, mit Salz und Pfeffer abschmecken und mit Pitabrot servieren.

Frittierte Kibbeh

Eine **neugierige Kinderschar** umringte uns, als wir in einem kleinen Dorf nahe Haifa Freunde besuchten. Die Gastgeberin servierte uns Limonade und stellte ein ganzes Tablett der **Bulgurbällchen** dazu. Schnell wurde uns klar, dass sich die Kinder mehr für das Essen als für uns interessierten. Dabei ist dieser Snack auch bei Erwachsenen ein Renner.

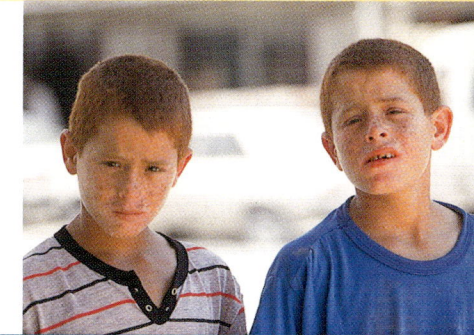

FÜR ETWA 20 STÜCK
ZUBEREITUNGSZEIT: ETWA 1 STUNDE
170 KCAL PRO STÜCK

> **BULGUR GRÜNDLICH WASCHEN** und etwa 20 Minuten in reichlich Wasser quellen lassen.

DURCH EIN FEINES SIEB abgießen und in eine große Schüssel geben. Die Gewürze und die Stärke hinzugeben und alles zu einem Teig verkneten. Mit einem Küchentuch abdecken.

FÜR DIE FÜLLUNG die Zwiebel schälen und fein würfeln. Öl in einer tiefen Pfanne erhitzen. Die Zwiebel und das Fleisch etwa 5 Minuten bei starker Hitze anbraten, bis die Flüssigkeit verdampft ist. Mit Piment, Zimt, Sumak und Salz abschmecken. Walnüsse hacken und untermischen. Die Fleischmasse erkalten lassen.

DEN TEIG IN 20 PORTIONEN teilen und zu eierförmigen Kugeln formen. (Dazu eine Schüssel mit kaltem Wasser bereit stellen, um die Hände zwischendurch zu befeuchten.) Mit dem Zeigefinger in jede Kugel ein tiefes Loch drücken und das Ganze zu einem Kegel modellieren, der unten offen ist. Die Wände sollen dabei möglichst dünn werden. Die Füllung hineingeben und die Kegel gut verschließen.

ÖL IN EINER TIEFEN PFANNE erhitzen und die Kibbeh goldbraun frittieren. Die fertigen Snacks mit einem Schaumlöffel herausheben und zum Entfetten auf Küchenpapier legen.

ZITRONEN UND ZWIEBELN in Stücke schneiden und die Kibbeh damit garnieren.

ZUTATEN

Für den Teig:
500 g mittelfeiner Bulgur
$1/2$ TL Salz
$1/4$ TL Currypulver
1 TL Kuminpulver
1 TL Speisestärke

Für die Füllung:
1 Zwiebel, 75 ml Öl
500 g Lamm- oder
 Rinderhackfleisch
$1/4$ TL Pimentpulver
$1/4$ TL Zimtpulver
$1/2$ EL Sumak (Seite 77)
Salz
50 g Walnüsse
$1 1/2$ l Öl zum Frittieren

Für die Garnitur:
4 Zitronen
2 Frühlingszwiebeln

19

Grundmarinade

ZUTATEN FÜR $1/2$ L
ZUBEREITUNGSZEIT: ETWA 20 MINUTEN
INSGESAMT ETWA 275 KCAL

ZUTATEN

200 ml Essig
300 ml Wasser
60 g Zucker, Salz
Kräuter nach
  Belieben
Pfefferkörner
2 Knoblauchzehen

ALLE ZUTATEN in einem Topf zum Kochen bringen und etwa 10 Minuten bei schwacher Hitze köcheln lassen. In ein Vorratsgefäß gießen.

Das Wort **Mezze** lässt sich in keine Sprache übersetzen. Gut, man kann dazu »**Kleine Appetithappen**« oder »**Snacks**« sagen, doch die eigentliche Sache trifft es nicht. Mezze ist eben **Mezze**. Fangen Sie einfach damit an, dass Sie einige der vorangegangenen Rezepte in kleinen Mengen zubereiten und in **dekorativen** Schälchen servieren. Vergessen Sie aber **Pickles** nicht, die sind Pflicht auf jeder Mezze-tafel.

Eingelegte Kirschtomaten

FÜR 2 GLÄSER A 300 ML
ZUBEREITUNGSZEIT:
ETWA 45 MINUTEN
MARINIERZEIT: 1 WOCHE
100 KCAL PRO GLAS

KIRSCHTOMATEN WASCHEN, die Stiele nicht entfernen. Einen Topf mit reichlich Salzwasser zum Kochen bringen und die Tomaten darin etwa 3 Minuten kochen. Herausnehmen und abtropfen lassen. Mit den Oreganozweigen in 2 sterile Einmachgläser geben.

KNOBLAUCH SCHÄLEN und durch die Presse in die Gläser drücken. Die heiße Grundmarinade darüber gießen. Mit Olivenöl auffüllen und die Gläser gut verschließen. Etwa 1 Woche ziehen lassen.

ZUTATEN

400 g Kirschtomaten
Salz
1 Bund frischer
  Oregano
8 Knoblauchzehen
$1/2$ l Grundmarinade
Olivenöl

Pickles

FÜR 3 GLÄSER A ¹/₂ L
ZUBEREITUNGSZEIT: ETWA 15 MINUTEN
MARINIERZEIT: 1 WOCHE
125 KCAL PRO GLAS

ZUTATEN

500 g Gemüse nach
    Belieben (z.B. Pa-
    prikaschoten Tomaten,
    kleine Gurken, Blu-
    menkohl usw.)
Salz
¹/₂ l Grundmarinade

GEMÜSE PUTZEN und in mundgerechte Stücke schneiden. In Salzwasser etwa 5 Minuten sprudelnd kochen. Gekochtes Gemüse über ein Sieb schütten und abtropfen lassen

DIE MARINADE ERHITZEN. Gemüse in sterile Einmachgläser füllen und mit heißer Grundmarinade auffüllen. Gut verschließen und mindestens 1 Woche im Kühlschrank ziehen lassen.

Eingelegte Mini-Auberginen

FÜR 2 GLÄSER A 300 ML
ZEIT ZUM DURCHZIEHEN: ETWA 3 STUNDEN
ZUBEREITUNGSZEIT: ETWA 45 MINUTEN
MARINIERZEIT: 2 WOCHEN
70 KCAL PRO GLAS

AUBERGINEN WASCHEN, einmal längs bis mindestens zur Mitte einschneiden. Die Schnittstellen mit genügend Salz einreiben. Die Auberginen in ein flaches Sieb mit einem Auffangbehälter legen und abgedeckt etwa 3 Stunden zum Entwässern in den Kühlschrank stellen.

EINEN TOPF MIT REICHLICH WASSER zum Kochen bringen und die Auberginen darin etwa 8 Minuten kochen. Herausnehmen und abtropfen lassen. Petersilie waschen, abzupfen und fein hacken. Knoblauch schälen und durch die Presse drücken. Walnüsse hacken, mit Knoblauch und Petersilie mischen und in die aufgeschlitzten Auberginen drücken. Diese anschließend in 2 Einmachgläser verteilen.

CHILISCHOTEN ENTKERNEN, ZERBRÖSELN und hinzugeben. Mit Olivenöl auffüllen, gut verschließen und etwa 2 Wochen ziehen lassen.

ZUTATEN

400 g Mini-
    Auberginen
Salz
1 Bund Petersilie
8 Knoblauchzehen
120 g Walnüsse
2 getrocknete
    Chilischoten
Olivenöl

TIPP

Mini-Auberginen sind nicht überall zu haben. Sie können stattdessen Auberginenstücke verwenden.

Wüstengrün

MOSES, DER BIBLISCHE PROPHET, WOLLTE DIE ISRAELITEN IN EIN LAND FÜHREN, WO **MILCH UND HONIG** FLIESSEN. DAMIT KONNTE ER EIGENTLICH NUR **OBST UND GEMÜSE** GEMEINT HABEN, DENN DAVON QUILLT ISRAEL FÖRMLICH ÜBER. AUF DEN MÄRKTEN IN **JERUSALEM, RAMALLA** ODER **BE'ÉR-SHEVA** BIEGEN

SICH DIE TISCHE UNTER DER LAST VON AUBER-GINEN, MELONEN UND GRANATÄPFELN. WER SOLL DAS ALLES KAUFEN, WER DAS ALLES ESSEN, FRAGTEN WIR UNS, WÄHREND UNS MENSCHENMASSEN AN WILD GESTIKU-LIERENDEN HÄNDLERN UND IHREN STÄNDEN VORBEI SCHOBEN. UND KILOMETERLANG WAREN DIE SATTGRÜNEN FELDER, DIE WIR UNTERWEGS VORBEIZIEHEN SAHEN. OFT KONNTEN WIR AUS DER ENTFERNUNG SCHON DIE GEMÜSESORTEN UNTER-

scheiden. Doch einmal erblickten wir seltsame Gewächse mit hellgrünen Gurken und wurden neugierig. Kaum waren wir ausgestiegen und hatten das Feld betreten, als plötzlich etwas Schweres, Warmes zwischen unseren Beinen durchjagte. ›Giftschlangen!‹ durchzuckte es uns und voller Panik sprangen wir zurück ins rettende Auto. Offensichtlich hatte sich das unbekannte Wesen noch mehr erschreckt, denn es blieb zwischen den Gemüsen verschwunden. Aus Vorsicht forschten wir nicht weiter und so blieb uns das Geheimnis der weißen Gurken zunächst verborgen.

Tage später, wir hatten unser kleines Abenteuer schon fast vergessen, sollte uns das fahlgrüne Gemüse wieder begegnen. Wir waren eingeladen bei Suleika und Hassan Al-Wahabi, einem reizenden jungen Ehepaar aus Ost-Jerusalem. Hassan hatte gewisse Ähnlichkeiten mit Omar Sharif und Suleikas hübsches Gesicht hätte gut in die Geschichten aus Tausendundeiner Nacht gepaßt. Ihre beiden Kinder, die uns jetzt ins Haus zogen, waren die reinsten Energiebündel.

Drinnen empfing uns eine gemütliche Atmosphäre. Den Boden bedeckten erlesene Teppiche und die bequemen Sitzmöbel waren mit bunten Stoffen überzogen. Die Wände schmückten Bilder, wie sie unterschiedlicher nicht sein konnten. Eines davon, ein Ölgemälde im dicken goldenen Rahmen, zeigte ein kleines Mädchen mit rotem Käppchen, das einen Korb mit einer Weinflasche trug. Es unterhielt sich gerade mit einem schwarzen Tier, ganz klar: Es war Rotkäppchen aus Grimms Märchen, hier mitten im Orient.

Märchenhaft war auch das riesige vergoldete Doppelbett im Schlafzimmer der Al-Wahabis. Der Hausherr klärte uns auf: Es war das Hochzeitsgeschenk seines Schwagers; der hatte es eigens aus

Ägypten kommen lassen und – jetzt flüsterte Hassan – 4000 US-Dollar dafür auf den Tisch gelegt. Wir waren sprachlos, bis er hinzufügte, es sei von Versace, jawohl, von dem berühmten. Uns durchrauschte das wohlige Gefühl von Luxus und Verschwendung.

Luxus auch in der riesigen Küche, in die uns jetzt Suleika entführte. Die Ausstattung entsprach dem neuesten Standard: Vom überdimensionalen Kühlschrank mit Eiswürfelautomat über Mikrowellengrill bis hin zum chromblitzenden Blender wie aus Humphrey Bogarts »Casablanca«. Das war Orient in der wohl modernsten Fassung, die wir bisher erleben durften.

Doch hatte das Ehepaar auch hier für Gemütlichkeit gesorgt: Wo auch immer möglich, hatten sie Farbe ins Küchenbild gebracht: Bunte Kissen auf den Stühlen, passend dazu die Vorhänge, und auch hier pompöse Bilder an der Wand. Die Regale standen voll von Gläsern mit eingelegten Gemüsen, Kirschtomaten in Olivenöl, Mini-Auberginen, mit Kurkuma gekochtem, knallgelbem Blumenkohl und natürlich eingelegten Oliven in allen Variationen und Farbnuancen. Besonders interessant: Gefüllte Weinblätter, nicht wie üblich zu »Zigarren« gerollt, sondern lauter kleine gefaltete Päckchen.

Unsere charmanten Gastgeber beeindruckten uns mit ihren Kochkünsten und als wir Hassan bei den Vorbereitungen über seine breiten Schultern schauten, da sahen wir sie auf dem Küchentisch liegen: ein gutes halbes Dutzend unserer hellen Gurken vom Schlangen-Acker. Doch nun sahen wir: Die Gurken waren in Wirklichkeit Zucchini, in die Hassan jetzt mit einem Mokkalöffel tiefe Höhlen schaufelte, um sie mit gewürztem Hackfleisch zu füllen.

Gefüllte Zucchini

Beim Thema »Gefüllte Gemüse« müssen wir leider etwas auf dem Teppich bleiben, denn würden wir auch nur einen kleinen Teil aller **Kombinationen** und Möglichkeiten beschreiben, so fänden wir keinen Platz mehr für andere Rezepte. Daher nur ein Beispiel für die **unendliche Vielfalt** dieser Abteilung.

FÜR 4 PERSONEN
ZUBEREITUNGSZEIT: ETWA 1 $\frac{1}{4}$ STUNDEN
455 KCAL PRO PERSON

> ZUCCHINI WASCHEN, die Stielansätze großzügig abschneiden. Mit einem langen Mokkalöffel die ganzen Zucchini aushöhlen (siehe Tipp). Das ausgehöhlte Zucchinifleisch in Streifen schneiden.

DEN REIS GRÜNDLICH WASCHEN und gut abtropfen lassen. In einer Schüssel mit dem Hackfleisch, Öl und den Gewürzen vermischen. Füllung in die ausgehöhlten Zucchinis geben.

DIE TOMATEN VIERTELN, entkernen und klein würfeln. Zwiebeln schälen und in feine Streifen schneiden. Öl in einer tiefen Pfanne erhitzen. Die Zwiebeln darin braun anbraten und das Zucchinifleisch hinzufügen.

DIE PFANNE VOM HERD nehmen. Die gefüllten Zucchini in die Pfanne geben. Tomatenmark mit 1 l Wasser verrühren und über die Zucchini gießen. Tomatenwürfel darüber streuen. Die Zucchini zugedeckt etwa 45 Minuten dünsten.

DIE GEFÜLLTEN ZUCCHINI mit dem Sud (den Sie noch pürieren können) servieren.

ZUTATEN

4 mittelgroße,
  helle Zucchini
300 g Rundkornreis
150 g Rinderhackfleisch
2 EL Öl
Salz, Pfeffer
Piment, gemahlen
Kurkuma, gemahlen
Kardamompulver
2 Tomaten
2 kleine Zwiebeln
2 EL Öl zum Braten
100 g Tomatenmark

TIPP

Die ganzen Früchte auszuhöhlen ist etwas aufwendig. Genau so gut schmeckt es natürlich auch mit halbierten ausgehöhlten Zucchini.

27

Tabouleh

Bulgur gehört nicht unbedingt zu den Standardvor-
räten im Haus. Dabei ist dieser geschrotete Weizen
zu weit mehr **kulinarischen Überraschungen**
fähig, als man gemeinhin annimmt. Mischen Sie ihn
eingeweicht unter fein geschnittenen **Salat** und
Sie kennen Ihr **Grünzeug** nicht mehr wieder, so
köstlich ist der Geschmack geworden …! Türkische
Geschäfte halten Bulgur in drei Größen vorrätig.
Für Salate ist die feine Sorte zu empfehlen.

TIPP

Der Bulgur und die Kräuter müssen
trocken sein, damit der Salat später
locker und körnig wird.

FÜR 4 PERSONEN
ZUBEREITUNGSZEIT: ETWA 20 MINUTEN
335 KCAL PRO PERSON

DEN BULGUR etwa 20 Minuten in lauwarmem Wasser einweichen.

IN DER ZWISCHENZEIT die Petersilie und die Minze waschen und mit
Küchenpapier trockentupfen. Die Blätter abzupfen (ein paar Petersilienblätter aufheben) und fein hacken. Paprika, Chilischote und Tomate
waschen, entkernen und fein würfeln.

BULGUR ABGIESSEN, mehrmals mit reichlich kaltem Wasser waschen
und gut abtropfen lassen. Bulgur mit den Kräutern in eine Salatschüssel
geben und mit Zitronensaft, Olivenöl, Salz und Pfeffer abschmecken.

DAS GEWÜRFELTE GEMÜSE unter den Bulgursalat mischen. Auf einen
tiefen Teller geben und mit Petersilie, Kirschtomaten und Limetten-
stücken garnieren.

ZUTATEN

200 g feiner (!) Bulgur
2 große Bund glatte
  Petersilie
$1/4$ Bund frische Minze
$1/2$ grüne Paprikaschote
$1/3$ grüne scharfe
  Chilischote
1 große Tomate
6 EL Zitronensaft
4 EL Olivenöl
Salz
schwarzer Pfeffer

Für die Garnitur:
2–3 Kirschtomaten
$1/2$ Limette

Scharfer Möhrensalat

Vergessen Sie alles, was Sie bisher mit Möhren in Verbindung brachten, vergessen Sie Babynahrung und langweilige Rohkost. Hier ein **Rezept aus Israel,** für das sich die Rübe nicht zu schämen braucht: Ein pikanter Salat, der allerdings nur gelingt, wenn die Möhren dabei schön **knackig** bleiben.

TIPP

Vorsicht vor Chilischoten! Sie sind sehr scharf. Entweder tragen Sie Gummi-handschuhe oder waschen sich hinter-her die Hände ausgiebig mit Seife.

FÜR 4 PERSONEN
ZUBEREITUNGSZEIT: ETWA 15 MINUTEN
ABKÜHLZEIT: ETWA 2 STUNDEN
185 KCAL PRO PERSON

> **Die Möhren waschen,** putzen und in dünne Scheiben schneiden. Die Zwiebel schälen und fein würfeln. Den Knoblauch schälen und klein hacken.

Öl in einer Pfanne erhitzen und die Zwiebel anschwitzen. Den Knob-lauch und die Möhren hinzugeben. 100 ml Wasser und Zitronensaft angießen und die Möhren zugedeckt bei schwacher Hitze in höchstens 10 Minuten gar dünsten. Je nach Bedarf noch Wasser hinzugeben, damit die Möhren nicht anbrennen.

In der Zwischenzeit die Chilischote längs halbieren, entkernen und klein schneiden. Die Petersilie und das Basilikum waschen, trocken schütteln und die Blätter fein hacken.

Alles mit den Möhren in eine Schüssel geben und mit den Gewürzen und Zitronensaft abschmecken. Je nach Geschmack warm oder kalt ser-vieren.

Zutaten

750 g Möhren
1 Zwiebel
5 Knoblauchzehen
60 ml Olivenöl
3—4 EL Zitronensaft
1 kleine Chilischote
$1/4$ Bund Petersilie
$1/4$ Bund Basilikum
2 TL Paprikapulver
Salz
Zucker

Israeli-Salat

Eine gewisse Hektik darf man den Israelis schon nachsagen, deswegen haben sie viele Gerichte, die **schnell** und **einfach zuzubereiten** sind.

Der Israeli-Salat ist ein typisches Beispiel: Er passt praktisch zu Allem, ob Fisch, Fleisch, Falafel oder Brot und die **wenigen Zutaten** hat man immer im Haus. Außerdem ist er **im Handumdrehen** fertig.

FÜR 4 PERSONEN
ZUBEREITUNGSZEIT: ETWA 15 MINUTEN
125 KCAL PRO PERSON

> **DIE TOMATEN UND** die Paprikaschote waschen, vierteln, entkernen und in kleine Würfel schneiden. Die Gurke waschen, die Zwiebel schälen und beides klein würfeln. Alles in eine große Salatschüssel geben.

DEN ZITRONENSAFT mit Olivenöl gut verrühren, dabei mit Pfeffer und Salz abschmecken. Die Marinade über das Gemüse geben. Gut durchmischen.

PETERSILIE UND SALATBLÄTTER waschen und trockenschütteln. Die Petersilienblätter klein hacken und unter den Salat mischen. Die Salatblätter auf einem tiefem Teller auslegen, die Gemüsemischung darauf anrichten.

ZUTATEN

4 Tomaten
1 rote Paprikaschote
1 große Salatgurke
1 Zwiebel
2–3 EL Zitronensaft
3 EL Olivenöl
schwarzer Pfeffer
Salz
4 Stängel glatte
  Petersilie
4 große Salatblätter

TIPP

Lassen Sie von Gurken und Paprika etwas übrig und verwenden es grob geschnitten für die Garnitur.

Weinblätter mit Ziegenkäse

Gefüllte **Weinblätter** herzustellen ist schon eine Kunst für sich. Die grünen »Zigarren« dürfen nämlich keinesfalls auseinander fallen, wenn man sie mit der Gabel auf seinen Teller befördert. Aber es geht auch **einfacher**: In diesem Rezept wird die Füllung nicht eingerollt, sondern mit den Blättern wie **kleine Geschenkpäckchen** eingepackt.

TIPP

Dazu schmeckt gegrilltes Pitabrot ganz besonders gut.

FÜR 4 PERSONEN
ZUBEREITUNGSZEIT: ETWA 40 MINUTEN
MARINIERZEIT: ÜBER NACHT
230 KCAL PRO PERSON

> **DIE WEINBLÄTTER** etwa 10 Minuten in heißem Wasser baden und danach mit kaltem Wasser abspülen.

DEN ZIEGENKÄSE ENTRINDEN, zerbröckeln und mit dem Frischkäse durch ein Sieb streichen oder mit einer Gabel zerdrücken. 1 Prise Kardamom, Muskatnuss und den Zitronensaft unterrühren. Mit Salz und Pfeffer abschmecken. Das Basilikum waschen, trockenschütteln und die Blätter in feine Streifen schneiden. Unter die Käsemasse heben.

WEINBLÄTTER AUSBREITEN. Auf jedes Blatt 1 Esslöffel Käsefüllung geben. Die Weinblätter zuerst mit der Stielseite und zuletzt mit der Blattspitze zusammenfalten. Darauf achten, dass die Taschen gut verschlossen sind.

KNOBLAUCH SCHÄLEN und in ein Einmachglas oder eine Schüssel geben. Die gefüllten Weinblätter und die Oreganozweige hinzufügen. Mit Olivenöl auffüllen und über Nacht ziehen lassen.

DIE TOMATE UND DIE ZWIEBEL in feine Würfel schneiden und die Petersilie hacken.

DIE GEFÜLLTEN WEINBLÄTTER auf einem Teller anrichten, die Tomaten- und Zwiebelwürfel und die Petersilie darüber streuen.

ZUTATEN

20 eingelegte, mittel-
  große Weinblätter
150 g Ziegenkäse
100 g Frischkäse
Kardamom, gemahlen
Muskatnuss, gemahlen
1 TL Zitronensaft
Salz, Pfeffer
2—3 Zweige Basilikum
5 Knoblauchzehen
3 Zweige Oregano
200 ml Olivenöl
1 Tomate
1 Zwiebel
2 Stängel Petersilie

Classics

PLÖTZLICH IST ALLE HEKTIK
VERSCHWUNDEN. DIE EIN-
KAUFSZEILEN DER BEN YEHU-
DA IN JERUSALEM LIEGEN
WIE AUSGESTORBEN
DA, HIER UND DA EILT EINE
FESTLICH HERAUS-
GEPUTZTE FAMILIE ÜBER
DEN ZEBRASTREIFEN, VON
KAUM EINEM AUTO BELÄS-
TIGT. ES IST SHABBAT,
DER JÜDISCHE »SONNTAG«
HIER AM SAMSTAG.

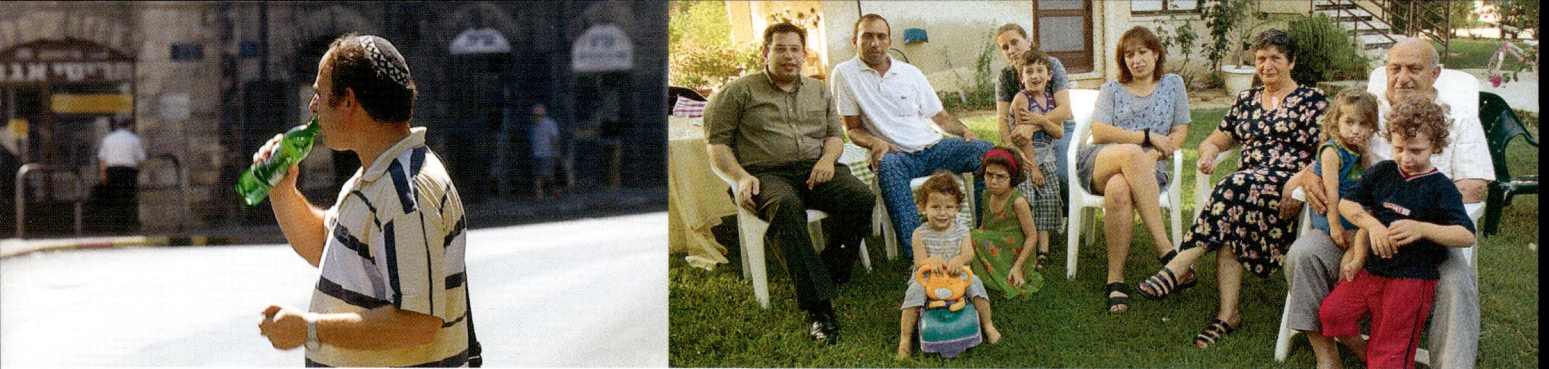

DAS GANZE LAND HAT PAUSE UND FROMME JUDEN RÜHREN NICHT EIN-MAL STROM, GAS UND SONS-TIGE FEUER AN. TROTZ ALLER BESCHRÄNKUNGEN VERZICHTET HIER NIEMAND AUF GUTES ESSEN UND TRINKEN. MAN ARRAN-GIERT SICH, KOCHT ZUM BEISPIEL VOR UND HÄLT ÜBER NACHT DIE SPEISEN IM OFEN WARM. WIR SIND MÄCHTIG GE-SPANNT, DENN FAMILIE OPHIR AUS YAD MORDEKHAY HAT UNS ZUM ESSEN EINGELADEN — AN EINEM SHABBAT.

Die kleine Avocadofarm unserer Gastgeber liegt wenige Kilometer vom Gazastreifen entfernt und auch das Mittelmeer ist nicht weit. Hier ist noch etwas vom Pioniergeist spürbar, den das ganze Land prägt. Vor 50 Jahren folgte Mosche Ophir mit seiner Frau dem Ruf des jungen Staates Israel und übersiedelte aus dem fernen Bagdad hierher. Das Land gab es gratis und es musste von den Ansiedlern unter gewaltigen Anstrengungen erst einmal urbar gemacht werden. Voller Stolz reicht der Großvater einen vergilbten Zeitungsausschnitt herum, auf dem ein Foto den Besuch des dama-ligen israelischen Staatspräsidenten Ben Gurion auf seinem Acker dokumentiert.

Doch das ist lange her. Inzwischen wohnen hier mehrere Generationen und längst hat Mosche die Geschäfte an David, einen seiner Söhne, abgegeben. Der ist studierter Agrarökonom und denkt über glückliche Hühner und computergesteuerte Bewässe-rungsanlagen nach. Wasser benötigen die Avocados eine ganze Menge und das ist hier, wo es so selten regnet, schon ein Problem. Die Farm ist durchzogen von einem riesigen Netz schwarzer Wasser-schläuche, aus deren Enden das kostbare Nass genau dahin tröp-felt, wo es hin soll: ins Wurzelwerk eines jeden Avocadostrauches. Bei soviel mühevoller Pflege kann man schon die Zornesröte verste-hen, die dem Jungbauern ins Gesicht steigt, als er von dem großen Avocado-Klau berichtet, der sich vor einigen Jahren hier zugetragen hat. Nachts kam die Bande mit mehreren geländegängigen LKWs und machte sich an die Ernte. Den Ophirs blieb am nächsten Mor-gen nur noch die Hälfte ihres Bestandes.

Vom Hause her ertönt jetzt ein schwerer metallener Gong: Das Essen ist fertig. Wir werden an einen großen Tisch im gepfleg-ten Garten gebeten. Eine fröhliche Kinderschar (die Ophirs haben

fast ein Dutzend Enkel) sorgt für Stimmung und eine riesige Dattelpalme bewahrt uns vor der brütenden Hitze. Leuchtende Bougainvilleasträucher bilden einen malerischen Kontrast zu riesigen Kaktuspflanzen.

Großmutter Mora hat zwar für den heutigen Shabbat vorgekocht, doch ganz so eng wie die Orthodoxen sieht sie das mit der Elektrizität nun auch wieder nicht und wärmt das Essen auf. Ihr Mann hat sich zur Feier des Tages Kubbahts gewünscht und zwar solche mit roter Bete. Nachdem die Portionen ausgeteilt sind, sieht der Tisch aus wie das Gesamtkunstwerk eines modernen Pop-Art-Künstlers, so beeindruckend sind die Farbkontraste der roten Knolle und der gefüllten Klößchen mit der weißen Tischdecke unter dem Blütenstrauch. Fast hätten wir vor Bewunderung vergessen, dass nicht nur das Auge, sondern auch der Magen genießen wollen, hätten uns nicht Mora und Mosche freundlich und energisch daran erinnert. Der trockene, aber spritzige Weißwein, mit dem wir uns jetzt ein »Lehaim« (Prosit) zurufen, stammt aus dem großen Weingut eines Verwandten in den Golanhöhen. Und der Grießpudding, den es als Nachtisch gibt, schmeckt sehr einheimisch und gar nicht deutsch: Er wurde mit frischen Datteln garniert und dazu gibt es eine feine Karamelsauce. Auch der Kaffee, den uns Schwiegertochter Halina hinterher serviert, hat es in sich: Er schmeckt nach Kardamom und Nelken und ist zudem glühend heiß.

Erst spät am Abend und als die Enkel uns mit phantasievollen Tricks zum vierzehnten Male davon abhalten konnten, gelingt es uns endlich, von der freundlichen Runde Abschied zu nehmen und durch die dunkle Nacht den Heimweg anzutreten.

Auberginensuppe

Auberginen kann man inzwischen in jedem Supermarkt bekommen und auch die verschiedenen Zube-
reitungsarten wie **grillen**, **füllen** oder **einlegen**
haben sich überall herumgesprochen (siehe auch
Seite 16 und 20). Aber haben Sie schon einmal von
Auberginensuppe gehört? Schmeckt fast noch besser
als Champignoncremesuppe und **gelingt auf
Anhieb**.

FÜR 4 PERSONEN
ZUBEREITUNGSZEIT: ETWA 45 MINUTEN
RUHEZEIT: ETWA 1 STUNDE
420 KCAL PRO PERSON

> **AUBERGINEN WASCHEN,** abtrocknen, schälen und in dicke Scheiben
und diese in Würfel schneiden. Zwiebeln fein würfeln. Knoblauch
schälen und fein hacken.

ÖL IN EINEM TOPF ERHITZEN und Zwiebeln, Knoblauch und Auberginen
darin anbraten. Mit einem Schuss Weißwein ablöschen und mit einem
Holzlöffel den Bodensatz abkratzen.

HÜHNERBRÜHE DAZUGIESSEN und kurz aufkochen lassen. Sahne dazugeben und alles bei schwacher Hitze köcheln lassen, bis die Suppe ein-
gedickt ist. Mit Salz und Pfeffer abschmecken. Mit einem Pürierstab fein
pürieren.

DIE SUPPE IN EINE TERRINE geben. Die Frühlingszwiebel waschen und
in Ringe schneiden. Die Suppe damit garnieren.

ZUTATEN

3–4 mittelgroße
   Auberginen
Salz
2 Zwiebeln
2 Knoblauchzehen
30 ml Öl zum Braten
50 ml Weißwein
$1/2$ l Hühnerbrühe
   (Instant)
125 g Sahne
Pfeffer
1 Frühlingszwiebel

Kubbahts mit roter Bete

Kein Mensch weiß genau, wie diese Speise entstanden ist. Fest steht nur soviel, dass die **rote Bete** aus dem osteuropäischen Raum kommt, während **gefüllte Klöße** (die Kubbahts) in **Syrien** groß in Mode waren. Probieren Sie also einmal ein ausgesprochen **multikulturelles** Rezept.

FÜR 4 PERSONEN
ZUBEREITUNGSZEIT: ETWA 1 STUNDE
580 KCAL PRO PERSON

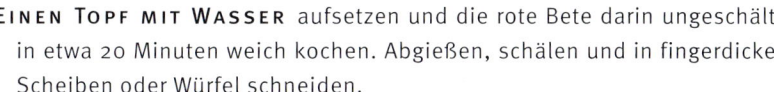

> EINEN TOPF MIT WASSER aufsetzen und die rote Bete darin ungeschält in etwa 20 Minuten weich kochen. Abgießen, schälen und in fingerdicke Scheiben oder Würfel schneiden.

INZWISCHEN FÜR DIE KLÖSSE Grieß mit 150 ml Wasser verrühren und etwa 15 Minuten quellen lassen.

DIE PETERSILIE WASCHEN und die Blätter abzupfen. Die Hälfte klein hacken, mit dem Hackfleisch mischen und mit Salz und Pfeffer würzen.

AUS DEM GRIESSTEIG mit feuchten Händen etwa 20 Kugeln formen. Diese zwischen beiden Handflächen flach drücken, jeweils 1 Teelöffel Hackfleischfüllung darauf geben und wieder zu Kugeln schließen.

2 L WASSER ZUM KOCHEN bringen. Die Grießkugeln hineingeben und bei schwacher Hitze garen, bis sie an der Wasseroberfläche schwimmen. Mit einem Schaumlöffel herausheben, das Kochwasser wegschütten.

DEN RINDERFOND in einem Topf erhitzen und die rote Bete darin etwa 5 Minuten köcheln lassen. Die Kubbahts kurz mit erhitzen. Mit Salz, Pfeffer, Zucker und Zitronensaft abschmecken.

DEN TOPF VOM HERD nehmen, die Kubbahts und rote Bete auf vier Teller verteilen. Mit der Brühe übergießen und mit restlichen Petersilienblättern garnieren. Traditionell isst man auch noch gekochtes Rindfleisch dazu.

ZUTATEN

4 rote Bete
350 g feiner Grieß
1 Bund Petersilie
400 g Rinderhackfleisch
Salz
Pfeffer
1 l Rinderfond (aus dem Glas)
1$\frac{1}{2}$ EL Zucker
1 EL Zitronensaft

Hähnchenspieße

Zu einer **Grillparty** am heißen Sommerabend lässt man sich gerne einladen. Doch müssen es immer Steaks und Würstchen sein, die da vor sich hin bruzzeln? Überaschen Sie Ihre **Gäste** doch einmal mit marinierten Hähnchenspießen. Ein wenig Vorbereitung müssen Sie zwar investieren, doch wenn dann später angenehm **orientalische Düfte** dem Grill entsteigen und Ihre Gäste später unbedingt das Rezept wissen wollen, so wissen Sie, dass es **sich gelohnt** hat.

T I P P

Sollten Sie über einen Entsafter verfügen, so können Sie den Knoblauch-Zwiebel-Saft auch damit herstellen.

FÜR 4 PERSONEN
ZUBEREITUNGSZEIT: ETWA 30 MINUTEN
MARINIERZEIT: 2 STUNDEN
350 KCAL PRO PERSON

DAS HÜHNERFLEISCH in etwa 2 cm große Würfel schneiden.

3 ZWIEBELN UND DEN KNOBLAUCH schälen und in einem Mixer pürieren. Anschließend die Masse auf ein Küchentuch geben und die Flüssigkeit über einer Schüssel herauspressen. (Geht auch mit einem Entsafter.)

DEN KNOBLAUCH-ZWIEBELSAFT mit Zitronensaft, Olivenöl, Kardamom und Kurkuma gut verrühren. Mit Salz und Pfeffer abschmecken.

DAS HÜHNERFLEISCH in die Marinade geben und gut vermischen. Etwa 2 Stunden abgedeckt im Kühlschrank durchziehen lassen. Den Grill anheizen.

DIE KIRSCHTOMATEN waschen. Die restlichen Zwiebeln schälen und achteln. Fleisch, Tomaten und Zwiebelstücke auf die Spieße stecken.

ZUM SCHLUSS DIE SPIESSE auf den Grill legen und beim Grillen mehrmals wenden, bis sie schön knusprig sind. Zwischendurch mit der Marinade bestreichen.

ZUTATEN

4 große Hühnerbrustfilets
5 Zwiebeln
4 Knoblauchzehen
5 EL Zitronensaft
1 EL Olivenöl
1 TL grüner gemahlener Kardamom
1 EL gemahlener Kurkuma
Salz, Pfeffer
16 Kirschtomaten

Heiß verpackt

WIR HATTEN ODEH ABU EL-
HAWA, DEM CHEFKOCH
UNSERES HOTELS, BE-
REITS LÖCHER IN DEN
BAUCH GEFRAGT UND DIE
GEDULD, MIT DER ER
ANTWORTETE, WAR UNS FAST
SCHON PEINLICH, ALS ER
PLÖTZLICH UNVERMIT-
TELT WISSEN WOLLTE,
WAS DENN UNSERE DEUTSCHE
KÜCHE SO BESONDERS AUS-
ZEICHNET. IM ZEITRAFFER

GINGEN WIR UNSERE HEI-MISCHEN SPEZIALITÄTEN DURCH, TRAUTEN UNS ABER DANN DOCH NICHT ZU SAGEN, DASS DIE BERÜHMTESTEN DEUTSCHEN GERICHTE AUS SCHWEINE-FLEISCH GEMACHT SIND. DA KAM UNS DER RET-TENDE GEDANKE: DIE VIELEN BROTSORTEN AUS DEUTSCHEN LANDEN. HIER KÖNNEN WIR ODEH ABER EINIGES ERZÄHLEN, DACHTEN WIR UND ALS WIR BEI DER BESCHREIBUNG VON KNÄCKEBROT ANKAMEN, WINKTE UNSER GESPRÄCHS-PARTNER HÖFLICH

lächelnd ab: Das sei doch wohl eine Spezialität aus Schweden. Sehr unangenehm für uns, denn schon wieder wurden zwei Deutsche beim Hochstapeln erwischt!

Und, wie um dieser Peinlichkeit noch eine weitere draufzusatteln, überraschte uns Odeh am nächsten Morgen mit seinen gebackenen Köstlichkeiten. Auf einem Tablett servierte er uns eigenhändig mehr als ein Dutzend Teigtaschen, wie sie unterschiedlicher nicht sein konnten: herzhaft oder süß, gefüllt mit Hackfleisch, Käse oder Honignüssen.

Ein zweite Platte wurde gebracht, diesmal waren es Kataifs in den verschiedensten Variationen. Die schwammigen Hefepfannkuchen, die nur auf einer Seite gebacken werden, hatte Odeh mit Pistazien, Mohn und Datteln gefüllt und dann zu Halbmonden geformt. Wir wollten natürlich alle Sorten durchprobieren, doch war es uns unmöglich, solche Mengen zum Frühstück zu verzehren und so packte der Kellner auf Geheiß von Odeh den Rest der kleinen Köstlichkeiten als Tagesration für unseren geplanten Ausflug ein. Später dann, am frühen Nachmittag, als wir von der tosenden Brandung des Mittelmeeres am Strand von Tel Aviv genug hatten und der Hunger sich meldete, labten wir uns ein zweites Mal an Odehs Backspezialitäten.

Unsere grenzenlose Neugierde nach allem, was Essen und Trinken betraf, hatte sich offensichtlich herumgesprochen, denn eines Tages wurden wir zu einer Beduinenfamilie mehr zitiert als gebeten. Man tat recht geheimnisvoll und das Einzige, das wir herausbekommen konnten, war, dass es um Brotbacken ging. Natürlich gingen wir hin in der Erwartung des ultimativen Kicks in Sachen orientalischer Esskultur. Unsere Beduinen waren vielleicht zu früheren Zeiten einmal auf Wanderschaft gewesen, jetzt bewohn-

te die Sippe ein ganz normales Steinhaus in einem kleinen Ort. Und statt des erwarteten Backhauses im Folklorestil standen wir jetzt vor einem grob gemauerten Viereck, das mit einem verrosteten Wellblech abgedeckt war. Drinnen war absolut nichts, nur Sand auf dem Boden. Nach langem Warten kam endlich eine ältere Frau, die auf einem Teller ein knappes Dutzend Teigkugeln heranbrachte. Sie öffnete den Verschlag des Backhauses und wir konnten sehen, wie sie mit den Händen den Sand wegscharrte, bis ein großes, rot glühendes Loch zum Vorschein kam. Flink wie ein Pizzabäcker ließ sie jetzt die Kugeln durch ihre Finger wirbeln, bis sie flach und tellergroß waren. Eine nach der anderen verschwand in der Öffnung, die die Alte schließlich sorgfältig abdeckte. Es waren noch keine vier Minuten vergangen, da öffnete sie die Feuerstelle wieder und griff mit bloßen Händen in die Glut. Schon nach wenigen Augenblicken war der Teller voll von knusprigem Fladenbrot. Wir mussten sofort davon probieren und obwohl wir nicht hungrig waren, verlangten wir danach ein zweites Stück, denn dieses Brot schmeckte wirklich vorzüglich.

Leider wussten wir nicht so recht, wie wir uns für diese beeindruckende Backvorführung bedanken sollten. Wir hatten Sorge, dass ein Trinkgeld die Menschen hier vielleicht beleidigen könnte. Andererseits machte die Familie nicht den Eindruck, als würde sie in Saus und Braus leben. So beschränkten wir uns beim Abschied auf ein aufrichtig gemeintes Dankeschön und das Bakschisch steckten wir einige Tage später dem jungen Mann zu, der uns in die Familie eingeführt hatte. Er versprach, es weiter zu leiten. Dabei schaute er uns mit solch treuherzigen Augen an, dass wir es ihm sofort glaubten.

Kataif

Bei diesen kleinen **Hefepfannkuchen** ist, was die Füllung betrifft, der Fantasie keine Grenze gesetzt. Ob **Käse**, **Spinat** oder auch **Nüsse mit Honig** – also herzhaft oder süß –, nichts ist hier unmöglich.

GRUNDREZEPT

FÜR 16 STÜCK
ZUBEREITUNGSZEIT: ETWA 1 STUNDE
RUHEZEIT: 1 STUNDE
90 KCAL PRO STÜCK

> **DIE HEFE IN 150 ML** warmem Wasser auflösen und etwa 15 Minuten ruhen lassen. Das Mehl in eine Schüssel sieben, 1 Prise Salz, 350 ml warmes Wasser und den Hefeansatz hinzugeben und alles zu einem glatten Teig verarbeiten. An einem warmen Ort stehen lassen, bis er doppelt groß ist.

BUTTERFETT IN EINER PFANNE zerlassen. Soviel Teig in die Pfanne geben, dass sich Pfannkuchen von etwa 12 cm Ø bilden. Bei mittlerer Hitze 3–4 Minuten backen. Die Pfannkuchen nicht wenden, so bleibt die Oberfläche feucht und man kann die Kataifs nach dem Füllen besser verschließen.

KATAIF MIT NUSSFÜLLUNG

FÜR 16 STÜCK
ZUBEREITUNGSZEIT: ETWA 45 MINUTEN
130 KCAL PRO STÜCK

> **DEN ZUCKER IN 125 ML WASSER** auflösen, dann zum Kochen bringen. Zitronensaft hineingeben und die Flüssigkeit bei mittlerer Hitze auf die Hälfte reduzieren. Rosenwasser unterrühren und den Sirup erkalten lassen.

DEN BACKOFEN auf 200º vorheizen. Ein Backblech mit Backpapier auslegen. Für die Füllung Walnüsse mit Zucker und Zimt gut vermischen. Je 2 Teelöffel davon auf die Mitte der Pfannkuchen geben, zusammenklappen und die Ränder gut zudrücken. Kataif auf das Blech setzen.

IM OFEN (Mitte, Umluft 180º) 10–15 Minuten backen. Mit dem Sirup beträufeln und warm servieren.

GRUNDREZEPT

1 TL Trockenhefe
300 g Mehl, Salz
Butterfett zum Backen

KATAIF MIT NUSSFÜLLUNG

Für den Sirup:
125 g Zucker
1 EL Zitronensaft
1 TL Rosenwasser
(Apotheke)

Für die Füllung:
80 g fein gehackte
  Walnüsse
2 EL Zucker
1 Messerspitze Zimtpulver
16 Kataif
Backpapier für das Blech

Bagels

Dass Bagels aus den USA kommen, ist nur die **halbe Wahrheit**. In Wirklichkeit stammt dieser Imbiss aus dem Orient und wurde von **jüdischen Einwanderern** nach Amerika gebracht.

GRUNDREZEPT

FÜR 4 STÜCK
ZUBEREITUNGSZEIT: ETWA 1 STUNDE
RUHEZEITEN: 1 1/4 STUNDEN
435 KCAL PRO STÜCK

DIE HEFE MIT ZUCKER und Malz in der lauwarmen Milch auflösen und etwa 15 Minuten gehen lassen. Die Butter zerlassen. Das Mehl auf eine Arbeitsfläche sieben und in eine Mulde Hefeansatz, 100 ml lauwarmes Wasser und 1 Prise Salz geben, mit etwas Mehl bestäuben. Butter darüber gießen und alles zu einem geschmeidigen Teig kneten. Zugedeckt etwa 45 Minuten an einem warmen Ort gehen lassen. Backblech fetten.

DEN TEIG NOCHMALS DURCHKNETEN und in vier gleich große Kugeln aufteilen. Diese zu etwa 30 cm langen Strängen formen und in ausreichendem Abstand kreis- oder u-förmig auf das Blech setzen. Etwa 15 Minuten gehen lassen. Den Backofen auf 180° vorheizen.

DAS EIGELB MIT 2 Eßlöffeln Wasser verrühren. Die Bagels damit bestreichen und mit Sesam bestreuen. Im Ofen (Mitte, Umluft 160°) in etwa 25 Minuten goldbraun backen.

ÜBERBACKENE BAGELS

FÜR 4 STÜCK
ZUBEREITUNGSZEIT: ETWA 30 MINUTEN
655 KCAL PRO STÜCK

DEN BACKOFEN auf 220° vorheizen. Die Tomaten kurz überbrühen, kalt abschrecken. Tomaten häuten, vierteln, entkernen und in kleine Würfel schneiden. Zwiebel schälen und fein würfeln. Oliven in dünne Scheiben schneiden, den Käse raspeln. Die Bagels halbieren, mit Tomaten- und Zwiebelwürfeln, Olivenscheiben und Butterkäse bestreuen.

IM OFEN (Mitte, Umluft 200°) etwa 10 Minuten backen. Dazu können Sie orientalischen Salat oder Blattsalat reichen.

TIPP

Bagels gibt es auch bei jedem türkischen Imbiss (dort heißen sie Sesamringe) fertig zu kaufen.

GRUNDREZEPT

1 TL Trockenhefe
1 Prise Zucker
3 ml Malzsirup
  (1 knapper TL)
50 ml lauwarme Milch
100 g Butter
225 g Mehl, Salz
1 Eigelb
20 g weißer Sesam
Fett für das Blech

ÜBERBACKENE BAGELS

2 Tomaten
1 mittelgroße Zwiebel
40 g grüne entkernte Oliven
40 g schwarze entkernte Oliven
200 g Butterkäse
4 Bagels

Sfiha

Am besten natürlich schmecken diese kleinen **Hefe-fladen ofenfrisch,** doch auch als Proviant für unterwegs ist dieses **herzhafte Gebäck** äußerst beliebt. Decken Sie sich also vorher gut ein, besonders, wenn Kinder dabei sind. Es könnte sein, dass für Sie sonst **keine mehr übrig** bleiben.

FÜR 6 STÜCK
ZUBEREITUNGSZEIT: ETWA 1 STUNDE
RUHEZEITEN: 2 $^{1}/_{4}$ STUNDEN
265 KCAL PRO STÜCK

FÜR DEN TEIG Hefe und Zucker mit etwas lauwarmen Wasser verrühren und etwa 15 Minuten gehen lassen.

DAS MEHL IN EINE SCHÜSSEL sieben und in die Mitte eine Mulde drücken. Den Hefeansatz, Salz und Olivenöl hineingeben. Die Milch langsam dazu gießen und alles durchkneten. Der Teig sollte so weich sein, dass er an den Händen kleben bleibt. Zugedeckt an einem warmen Ort etwa 2 Stunden ruhen lassen, bis sich sein Volumen verdoppelt hat.

DEN BACKOFEN auf 180° vorheizen. Ein Backblech fetten. Für die Füllung die Zwiebeln schälen und fein würfeln. Die Petersilie waschen, abzupfen und klein hacken. Beides mit dem Hackfleisch, Salz, Pfeffer, Essig und Pinienkernen mischen und in heißem Öl kurz anbraten.

DIE HÄNDE GUT BEMEHLEN und den Teig nochmals kurz durchkneten. In sechs gleich große Stücke aufteilen. Die Teile zwischen den Handflächen zu dünnen Scheiben von etwa 8 cm Ø formen und auf das Blech setzen.

DIE FÜLLUNG AUF DEN FLADEN verteilen. Im Ofen (Mitte, Umluft 160°) 20–25 Minuten backen.

ZUTATEN

Für den Teig:
1 $^{1}/_{2}$ Päckchen Trockenhefe
  (15 g)
10 g Zucker
150 g Mehl
$^{1}/_{4}$ TL Salz
1 EL Olivenöl
150 ml lauwarme Milch

Für die Füllung:
3 mittelgroße Zwiebeln
$^{1}/_{2}$ Bund Petersilie
300 g gehacktes Lamm-
  oder Rindfleisch
$^{1}/_{2}$ TL Salz
$^{1}/_{2}$ TL schwarzer Pfeffer
1 EL Essig
50 g Pinienkerne
Öl zum Anbraten
Fett für das Blech
Mehl zum Arbeiten

Borekas mit Hackfleisch

Es ist schon ein **Segen** der Technik, dass es tief-
gekühlten Blätterteig gibt. So können Sie Ihre ganze
Mühe und **Fantasie** auf die Füllung konzentrieren.
Servieren Sie die fertigen **Teigtaschen** mit einer
Dekoration aus **getrockneten Tomaten**. Damit
machen Sie selbst den schläfrigsten Gast wieder
putzmunter.

TIPP

Butterfett können Sie einfach herstellen:
Butter schmelzen und köcheln lassen.
Dabei die weißen Flocken solange aus-
sieben, bis keine neuen mehr entstehen.
Was übrig bleibt, ist reines Butterfett
oder Ghee.

FÜR 12 STÜCK
ZUBEREITUNGSZEIT: ETWA 45 MINUTEN
125 KCAL PRO STÜCK

DIE BLÄTTERTEIGPLATTEN nebeneinander legen und nach Packungs-
anweisung auftauen lassen.

INZWISCHEN DIE ZWIEBEL SCHÄLEN, fein würfeln. Knoblauch schälen
und klein hacken. Butterfett in einer Pfanne erhitzen. Zwiebel und Knoblauch darin anbraten, bis die Zwiebel glasig ist. Das Hackfleisch hinzugeben und einige Minuten unter Rühren weiter braten. Mit Salz und Pfeffer, Za'atar und Oregano nach Belieben abschmecken. Den Backofen auf
160° vorheizen. Ein Backblech fetten.

JEDE BLÄTTERTEIGPLATTE zu einem Quadrat ausrollen und diese
in je 4 Quadrate schneiden. Das Ei trennen. Mit dem Eiweiß die Ränder
der Quadrate bepinseln. Auf jedes Quadrat in die Mitte 1 Esslöffel Füllung setzen und die Ecken nach innen falten, eventuell mit Eiweiß fest-
kleben. Die fertigen Taschen auf das Backblech setzen. Das verquirlte
Eigelb auf die Taschen pinseln.

DIE BOREKAS im Ofen (Mitte, Umluft 140°) in 15–20 Minuten goldbraun
backen.

ZUTATEN

3 rechteckige Platten
TK-Blätterteig (225 g)
50 g Zwiebeln
2 Knoblauchzehen
30 g Butterfett (Ghee,
siehe Tipp und
Seite 76)
150 g Lamm- oder
Rinderhackfleisch
Salz, Pfeffer
Za'atar (Seite 9) und
getrocknetes Oregano
nach Belieben
1 Ei
Fett für das Backblech

57

Sambusak mit Kichererbsen

Köstliches zu verhüllen – wie hier in Hefetaschen – ist eines der Geheimnisse des Orients. Das trifft selbstverständlich auch auf viele Leckereien zu, deren »innere Werte« sich erst beim Reinbeißen offenbaren.

FÜR 8 STÜCK
EINWEICHZEIT: 12 STUNDEN
ZUBEREITUNGSZEIT: ETWA 1³/₄ STUNDEN
345 KCAL PRO STÜCK

DIE KICHERERBSEN gründlich waschen und über Nacht in reichlich Wasser einweichen.

FÜR DEN TEIG Mehl auf eine Arbeitsfläche sieben und in die Mitte eine Vertiefung formen. In diese Mulde Öl, Salz und Trockenhefe hineingeben und mit den Händen zu einem glatten und geschmeidigen Teig verarbeiten. Etwa 1 Stunde an einem warmen Ort ruhen lassen.

DIE KICHERERBSEN mit dem Einweichwasser und Salz kurz aufkochen und so lange bei schwacher Hitze köcheln lassen, bis die Flüssigkeit verdampft ist. Die Kichererbsen grob im Mixer pürieren.

IN DER ZWISCHENZEIT die Zwiebeln schälen und in feine Würfel schneiden. Öl in der Pfanne erhitzen. Die Zwiebeln darin braun braten. Mit den Gewürzen abschmecken. Die Zwiebeln unter das Püree mischen und 2 Minuten miteinander kochen.

DEN TEIG DURCHKNETEN und etwa 5 mm dick ausrollen. Mit einer runden Form Scheiben von etwa 9 cm Ø ausstechen.

IN DIE MITTE JEDER SCHEIBE 2 Teelöffel Füllung geben. Zu Halbmonden formen und die Ränder gut andrücken. Die Sambusak in der Fritteuse in heißem Fett bei 170° goldbraun ausbacken. Die fertigen Sambusak auf Küchenpapier entfetten.

ZUTATEN

Für die Füllung:
250 g Kichererbsen
¹/₂ TL Salz
250 g Zwiebeln
1 EL Öl
¹/₂ EL Currypulver
¹/₂ EL gemahlener
  Kreuzkümmel
¹/₄ EL Paprikapulver

Für den Teig:
500 g Mehl
50 ml Öl
¹/₂ TL Salz
1 EL Trockenhefe
Fett zum Ausbacken

Sweets

WENN MAN JERUSALEM IN ÖSTLICHER RICH-TUNG VERLÄSST UND FESTSTELLT, DASS ES FAST NUR NOCH BERGAB GEHT, SO IST MAN AUF DEM BESTEN WEG ZUM TOTEN MEER. PLÖTZLICH STEHT MAN VOR EINEM RIESIGEN GEWÄSSER MIT ÖLIGER OBERFLÄCHE. AUCH IST MAN DEM MITTELPUNKT DER ERDE JETZT EIN

GUTES STÜCK NÄHER: GANZE 410 METER UNTER NORMALER MEERESOBERFLÄCHE LIEGT HIER SEIT **URZEITEN** DIESER SEE AUSGEBREITET, DESSEN WASSER SO SALZIG IST, DASS ER IMMERFORT **WEISSE KRISTALLE** AN SEINEN UFERN ABSTÖSST. WIR WOLLTEN NATÜRLICH GANZ SCHNELL SEINE »TRAGENDE« EIGENSCHAFT KENNEN LERNEN UND HÄTTEN BEI DER ERBARMUNGSLOSEN HITZE AUCH GERNE EIN **KÜHLES BAD** GENOSSEN. UNSER BEGLEITER

Yussuf mahnte uns, wir sollten vorsichtig sein und auf gar keinen Fall untertauchen. Die Warnung vor einem allzu freudigen Badeplansch kam gerade rechtzeitig, denn als ich einen Spritzer ins Auge bekam, war der Schmerz so groß wie von Säure. Zum Glück war eine Dusche mit normalem Wasser in der Nähe. Beim zweiten Versuch, uns in den Schwebezustand zu begeben, waren wir schon vorsichtiger. Wir stiegen jetzt ganz langsam in die salzige Lake und schließlich gelang uns sogar die Rückenlage, in der wir uns eine Weile treiben ließen, ohne uns im geringsten zu bewegen geschweige denn anzustrengen.

Die Rückreise führte uns über Jericho, eine der ältesten Städte der Welt. Das Zentrum hätte auch gut in einen Western gepasst, wären da nicht die vielen arabischen Reklameschilder und Esel statt Pferden zu sehen gewesen. Und irgendwann standen wir plötzlich vor dem weißen Kamel. Es versperrte die Straße und beäugte uns mit wiegendem Kopf. Es war wohl noch sehr jung, denn als wir langsam darauf zu rollten, machte es einen Satz, hüpfte fünf Meter zurück und nahm erneut Blickkontakt mit uns auf. Wir verstanden: Dem hübschen Tier fehlte der Spielkamerad. Doch waren offensichtlich nicht wir gemeint, sondern unser weißer Mietwagen. Als wir nämlich aussteigen wollten, galoppierte es zur nächsten Straßenecke und kaum waren wir wieder im Fahrzeug, so stand es wieder davor, um sich dann beim Türöffnen erneut davonzumachen.

Ein Gartentor öffnete sich und ein schöner Mensch im weißen Kaftan trat auf uns zu. Das Kamel gehöre ihm und sei noch sehr jung und unerfahren und jeder Vorbeifahrende würde von ihm belästigt. Dabei klatschte er in die Hände und veranlasste das herbeieilende Tier zu einem mächtigen Sprung. Ob er uns zu einem Tee

einladen dürfe, er würde uns dann auch seinen Garten zeigen. Und ob er durfte! Wir fanden uns in einem riesigen schattigen Garten wieder, der einen wohltuenden Kontrast zu der steinigen Umgebung darstellte. Überall grünte und blühte es. Eine junge Frau mit Schleier erschien mit einem Tablett und bevor wir sie richtig in Augenschein nehmen konnten, hatte Abdulla, so hieß unser Freund, ihr bereits die Sachen abgenommen und uns zu einem Steintisch unter einer riesigen Weinlaube gebeten. Während wir den erfrischenden heißen Tee schlürften, erzählte er, dass er Schullehrer sei und sein Gehalt nicht ausreiche, um seine vier Kinder und die

Frau zu ernähren. So habe er sich dieses Gärtchen geschaffen, in dem alles wächst, was eine Familie an Obst und Gemüse benötigt. Das größte Problem sei, dass jeder Quadratmeter hier künstlich mit teurem Wasser aus dem Jordan bewässert werden müsse. Er führte uns durch seine kleine Oase mit den Granatäpfeln, Pistazien, Avocados, Äpfeln, Pampelmusen und Weintrauben. Kaum eine Frucht, die hier nicht vertreten war. Und der steile Hang war voller verschiedenartigster Gemüsepflanzen. Die Früchte gedeihen hier so üppig, sagte Abdulla, dass er sich nicht nur selbst versorgen, sondern einiges davon sogar verkaufen könne.

Auch das israelische Fernsehen hatte schon wiederholt bei ihm angeklopft, um in seinem lauschigen Garten ein paar Spielfilmszenen zu drehen. Wahrscheinlich wurde unser gutaussehender Gastgeber immer gleich mit engagiert. Später, auf dem Nachhauseweg stellten wir uns dann eine arabische Liebesszene vor, in der Abdulla seiner ausgewählten Braut auf einem silbernen Teller verführerische Früchte anbietet und das weiße Kamel plötzlich seinen Kopf über die Mauer steckt und alles auffrisst.

Apfelchips

Warum müssen **Chips** eigentlich immer aus Kartof-
feln gemacht sein? Probieren Sie es doch einmal zur
Abwechslung mit Äpfeln. Sie kommen mit ganz
wenigen Kalorien daher. Zur **Herstellung** benötigen Sie kein einziges Gramm Fett und eher lang-
weiliges Kartoffelpüree wird enorm aufgewertet,
wenn Apfelchips in ihm stecken.

FÜR 4 PERSONEN
ZUBEREITUNGSZEIT: ETWA 30 MINUTEN
TROCKENZEIT: 24 STUNDEN
70 KCAL PRO PERSON

> **ZITRONENSAFT MIT** 1 l Wasser mischen. Die Äpfel waschen und mit
> einem Apfelausstecher die Kerngehäuse entfernen. Die Äpfel ins
> Zitronenwasser legen, damit sie nicht braun werden.

DIE ÄPFEL MIT EINEM scharfen Messer oder der Brotmaschine in hauch-
dünne Scheiben schneiden und ins Zitronenwasser zurückgeben.

EIN BACKBLECH MIT PERGAMENTPAPIER auslegen. Die Apfelscheiben
mit Küchenpapier abtupfen, darauf ausbreiten. Sie dürfen sich nicht
gegenseitig berühren. Das Blech in den Backofen schieben und die Äpfel
bei 40–50° in etwa 24 Stunden trocknen lassen.

APFELCHIPS AUSKÜHLEN lassen und luftdicht und trocken lagern.

ZUTATEN

4 EL Zitronensaft
500 g rote Äpfel

TIPP

Die Apfelchips können als Dekoration
auf Speisen verwendet werden oder als
Snacks mit Zimt und Zucker oder mit
Garam Masala (einer indischen Gewürz-
mischung) bestreut verzehrt werden.

Joghurt-Grieß-Kuchen

Auch wenn Sie mit lauter **guten Vorsätzen** durchs Leben gehen, hin und wieder sollten Sie sich eine kleine **Sünde** leisten, denn nur so ist **wahrer Genuss** möglich. Und nichts eignet sich dafür so gut wie dieser Kuchen, besonders, wenn Sie sich seinem verführerischen Duft an einem **lauschigen Plätzchen** im Sommer hingeben.

FÜR 8 STÜCK
ZUBEREITUNGSZEIT: ETWA 1$\frac{1}{2}$ STUNDEN
660 KCAL PRO STÜCK

> **DEN BACKOFEN** auf 175° vorheizen. Eine feuerfeste längliche Form oder eine Springform fetten. Für den Teig die Butter cremig schlagen. Puderzucker, Vanilleessenz, die Eigelbe und das Ei unterrühren. Grieß mit Backpulver vermischen und mit einem Schneebesen unter die Masse heben. Joghurt und gemahlene Mandeln mischen und hinzugeben. Die Teigmasse nicht zu stark rühren, damit sie luftig bleibt.

DEN TEIG GLEICHMÄSSIG in der Form verteilen. Im Ofen (Mitte, Umluft 160°) etwa 40 Minuten backen.

FÜR DEN SIRUP Zucker, $\frac{1}{4}$ l Wasser und Zitronensaft aufkochen. Sirup abkühlen lassen und Rosenwasser hinzugeben.

DEN KUCHEN LEICHT AUSKÜHLEN lassen und nach Belieben und Geschmack als Ganzes mit Sirup tränken.

ZUTATEN

Für den Teig:
125 g weiche Butter
175 g Puderzucker
$\frac{1}{2}$ TL Vanilleessenz
(aus dem Fläschchen)
2 Eigelbe, 1 Ei
500 g feiner Grieß
1 TL Backpulver
175 g Joghurt
75 g gemahlene Mandeln
Fett für die Form

Für den Sirup:
300 g Zucker
2 TL Zitronensaft
$\frac{1}{2}$ TL Rosenwasser
(Apotheke)

TIPP

Dazu können Sie Eiscreme oder auch Mascarponecreme mit Amaretto, Früchte oder Nüsse reichen.

Eingelegte Aprikosen

Obst einzukochen ist in vielen Familien **Tradition** und jede Hausfrau hat ihre eigenen **Geheimrezepte** dazu. Doch können Sie sich eingemachte Trockenfrüchte vorstellen? Klingt verrückt, schmeckt aber gut, denn keine Konservierungsmethode kann hier in punkto **Aromaentfaltung** mithalten, besonders, wenn Sie getrocknete Aprikosen verwenden.

FÜR 1 GLAS A 500 ML
ZUBEREITUNGSZEIT: ETWA 30 MINUTEN
2070 KCAL

DIE VANILLESTANGE längs aufschlitzen.

ALLE ZUTATEN bis auf Aprikosen und Orange in einen Kochtopf geben, mit 475 ml Wasser auffüllen und unter ständigem Rühren zum Kochen bringen, bis der Zucker sich aufgelöst hat. Die Trockenfrüchte hinzugeben und 8–10 Minuten kochen lassen.

ALLES ZUSAMMEN HEISS in ein Einmachglas gießen. Die Orange heiß waschen und die Schale dünn abschälen. Ins Glas dazugeben, das Glas luftdicht verschließen. Die eingelegten Aprikosen an einem kühlen Ort mindestens 3 Tage ziehen lassen. Man verzehrt sie als Dessert, zum Kaffee oder auch zwischendurch.

ZUTATEN

1 Vanillestange
100 ml Weißwein
25 ml Cognac
1 Zimtstange
4 Stück Sternanis
150 g Zucker
500 g getrocknete Aprikosen
$1/2$ – 1 unbehandelte Orange

TIPP

Falls Sie frisches Kernobst verwenden wollen oder müssen, so können Sie es ganz einfach selbst trocknen. Legen Sie die halbierten und entsteinten Früchte nebeneinander mit der Rundung nach unten auf ein Backblech und lassen Sie sie im Ofen bei 50° 8 Stunden dörren.

Mandelpudding mit Trauben

Fast so **grenzenlos** wie die Weiten seiner **Wüsten** ist der Einfallsreichtum des Orientalen, wenn es um **Süßspeisen** geht. Zu deren Herstellung benötigen Sie nicht einmal exotische Zutaten und doch ist das Ergebnis wie der Mandelpudding einfach **himmlisch**.

FÜR 4 PERSONEN
ZUBEREITUNGSZEIT: ETWA 45 MINUTEN
AUSKÜHLZEIT: 2–3 STUNDEN
310 KCAL PRO PERSON

> **FÜR DEN PUDDING** die Mandeln in einer trockenen Pfanne bei mittlerer Hitze unter Wenden bräunen.

SPEISESTÄRKE MIT 1 Esslöffel Wasser klumpenfrei verrühren. Die Milch mit dem Zucker und der Bittermandelessenz zum Kochen bringen. Mit einem Schneebesen die Stärke unterrühren. Bei schwacher Hitze unter ständigem Rühren 2–3 Minuten köcheln lassen.

DIE GEHOBELTEN MANDELN hineingeben. Den Mandelpudding in eine Schüssel oder Form oder auch mehrere kleine Formen umfüllen. Für 2–3 Stunden im Kühlschrank kalt stellen.

INZWISCHEN FÜR DAS KOMPOTT die Trauben halbieren und entkernen. In einem kleinen Topf den Zucker in 3 Esslöffeln Wasser und dem Zitronensaft bei mittlerer Hitze auflösen. Kurz aufkochen lassen und dabei die Stärke einrühren. Trauben hinzufügen, alles auskühlen lassen.

FÜR DIE VANILLESAUCE Sahne, Vanilleessenz und Zucker halb steif schlagen.

MANDELPUDDING STÜRZEN, mit Traubenkompott und Vanillesauce anrichten. Mit den ganzen Mandeln und Zitronenmelisse oder Minze garnieren.

Sesam Bar

Müsliriegel aus dem Supermarkt? Nein danke! Machen Sie sich doch Ihre eigenen **Crackers aus Sesam** für den **kleinen Hunger** zwischendurch. Die Herstellung ist **total einfach** und der Mensch freut sich.

FÜR 4 PERSONEN
ZUBEREITUNGSZEIT: ETWA 30 MINUTEN
605 KCAL PRO PERSON

DIE HÄLFTE DES SESAM in einer trockenen Pfanne leicht anrösten.

1 TEELÖFFEL WASSER und 125 g Zucker dazugeben und bei mittlerer bis starker Hitze unter Rühren etwa 10 Minuten kochen, bis die Masse goldbraun ist.

EINE SCHÜSSEL MIT KALTEM WASSER vorbereiten und mit dem Löffel einen Tropfen der Masse in das kalte Wasser geben.

NUN KANN MAN VÖLLIG GEFAHRLOS die Festigkeit des Tropfens mit den Fingern prüfen. Er sollte sich noch leicht verformen lassen.

DIE FERTIGE SESAMMASSE auf eine geölte Unterlage geben (z. B. Alufolie auf einem Backblech) und glattstreichen. Erkalten lassen und nach Belieben mit einem scharfen Messer portionieren. Die zweite Portion genauso herstellen.

DIE FERTIGEN CRACKER sollten kühl und trocken gelagert werden.

ZUTATEN

250 g weiße Sesamsamen
250 g Zucker
Öl für die Arbeitsfläche

TIPP

Anstatt Sesam aufwendig zu rösten, können Sie auch gleich die geröstete Sorte kaufen.

Heriri

Stellen Sie sich vor, Sie erreichen nach einem anstrengenden **Wüstenritt** endlich die **kühle Oase** und die **Mandelmilch** ist alle. Was, das lässt Sie kalt? Dann sollten Sie dieses köstliche Getränk aber schleunigst ausprobieren! Es macht etwas Mühe, aber es lohnt sich!

FÜR 4 PERSONEN
ZUBEREITUNGSZEIT: ETWA 1 STUNDE
EINWEICHZEIT: 2 STUNDEN
285 KCAL PRO PERSON

> **DIE GEMAHLENEN MANDELN** mit der Orangenschale in eine große Schüssel geben, mit etwa 1^1/$_2$ l Wasser bedecken und 2 Stunden einweichen.

> **DIE FLÜSSIGKEIT** 2 – 3-mal über einem feinen Sieb in eine zweite Schüssel gießen. Abschließend noch durch ein Tuch (z. B. eine Stoffwindel) im Sieb gießen. Zum Schluss den Zucker in der Milch auflösen.

> **KAKAO UND KOKOSRASPEL** mischen. Gläser in Wasser tauchen und feucht in die Mischung stülpen, so dass ein Kranz haften bleibt.

> **GLÄSER MIT DER MANDELMILCH** füllen und ein wenig von der Kakao-Kokos-Mischung darüber streuen. Pistazien zerstoßen und als Dekoration verwenden.

ZUTATEN

Für die Milch:
600 g gemahlene Mandeln
^{1}/$_2$ Tütchen Orangenschale (Fertigprodukt) oder abgeriebene Schale von 1 unbehandelten Orange
175 g Zucker

Für die Garnitur:
2 EL Instant-Kakao
2 EL Kokosraspel
30 g Pistazienkerne

TIPP

Mandelmilch schmeckt am besten ganz frisch und eisgekühlt. Nähere Infos finden Sie auf Seite 77.

Glossar

BULGUR

Das ist vorgekochter und geschroteter Weizen. In warmem Wasser quillt er in wenigen Minuten und wird Salaten beigemengt. Gedämpft ist er eine Beilage. Es gibt ihn in drei verschiedenen Größen: fein, mittel und grob.

BUTTERFETT (GHEE)

Die geklärte Butter können Sie selbst herstellen (siehe Seite 57). Butterschmalz ist fast dasselbe wie Butterfett und ist unter dem Namen »Butaris« im Supermarkt zu kaufen.

FOUL- ODER FABABOHNEN

Es gibt sie vorwiegend gekocht in Dosen. Wenn Sie die ägyptische Bohne nicht bekommen sollten, können Sie auch dicke, weiße Bohnen nehmen.

KARDAMOM

Gibt es getrocknet in hell oder schwarz, als Schote oder in Pulverform. Verwenden Sie für diese Rezepte ausschließlich die helle Sorte.

KICHERERBSEN

Meist kauft man sie getrocknet. Die runden, knotigen Erbsen müssen vor der Verarbeitung mindestens 12 Stunden einweichen. Nach einer Kochzeit von etwa 2 Stunden lässt sich die Schale leicht lösen.

KORIANDER

Er entwickelt als frisches Kraut (Koriandergrün) eine unvergleichliche Würze. Kaufen können Sie es in Asienläden. Sie können sich aber mit dem getrockneten Samen behelfen, der vor Gebrauch in einem Mörser zerstampft werden muss.

KREUZKÜMMEL

Er wird auch Kumin genannt und ist ein schwarzer Samen, der in der indischen und arabischen Küche verwendet wird. Gemahlen ist er in jedem gut sortierten Gewürzregal erhältlich.

KURKUMA

Ist auch als Gelbwurz oder Tumeric (englisch) bekannt. Dieses Gewürz gibt dem Currypulver seine intensive gelbe Farbe. Es ist in orientalischen oder asiatischen Geschäften erhältlich.

MALZSIRUP

Er sollte in der Backwarenabteilung guter Supermärkte erhältlich sein. Sonst fragen Sie beim Bäcker.

MANDELMILCH

wird aus der gemahlenen Mandel gewonnen (siehe Seite 74) und ist sehr vitaminreich. In Reformhäusern oder in Bioläden wird sie als Fertigprodukt angeboten.

MINI-AUBERGINEN

Sie sind im Kommen. Sie kaufen Sie in asiatischen Lebensmittelgeschäften oder zur Sommerzeit auf dem Wochenmarkt. Dosenware ist fast immer schon mariniert und gefüllt.

PIMENT

Es kommt getrocknet als Korn oder Pulver auf den Markt. Es würzt nelkenartig und dient als Grundlage für Marinaden und Suppen.

ROSENWASSER

Das ist ein Geschmacksauszug aus frischen Rosenblättern. Jeder orientalische Händler hat es vorrätig oder die Apotheke.

SESAMSAMEN

Der feine Samen des Sesamkrauts ist als weiße und schwarze Sorte im Handel. Er wird zum Bestreuen von Gebäck und für Gewürzmischungen verwendet. Sie können auch gerösteten Sesam kaufen.

SUMAK

Das Gewürzpulver aus der getrockneten Essigbaumfrucht passt gut zu rohem Gemüse. Ein Foto finden Sie auch auf Seite 10, hinten rechts.

STERNANIS

Ein Gewürz mit kräftigem Aroma, weshalb es sparsam verwendet werden sollte. Man nimmt es hauptsächlich für Süßspeisen.

TAHINA

Die Paste wird aus weißem Sesam hergestellt. Sie wird gerne als Würze für herzhafte Gerichte verwendet. Sie ist in Gläsern oder Dosen erhältlich.

WEINBLÄTTER

Gibt es in den Sommermonaten als frische Ware auf dem Wochenmarkt oder in türkischen Lebensmittelgeschäften. Ansonsten sind auch gefrorene oder in Gläsern eingelegte Weinblätter geeignet. Man verwendet sie zum Einwickeln würziger Farcen.

ZA'ATAR

Ist ein orientalisches Gewürz, das in Deutschland schwer erhältlich ist. Man kann es selbst aus getrocknetem Oregano herstellen (Rezept Seite 9).

ZHOUG

Ist eine scharfe Gewürzpaste für Falafel oder Fleisch. Grundlage dazu sind grüne und rote Chilischoten (Rezept Seite 9).

ZITRONENMELISSE

Das duftende Kraut ist im Sommer auf den Märkten oder im Kräuterregal erhältlich. Sie gedeiht auch hervorragend im Garten oder auf dem heimischen Balkon.

Register

**Die Temperaturstufen bei Gas-
herden** variieren von Hersteller
zu Hersteller. Welche Stufe Ihres
Herdes der jeweils angegebenen
Temperatur entspricht, entneh-
men Sie bitte der Gebrauchsan-
weisung.

A B K Ü R Z U N G E N

TL = Teelöffel
EL = Esslöffel
Min. = Minuten
Std. = Stunden
kcal = Kilokalorien

Impressum

© 2000 Gräfe und Unzer Verlag GmbH, München
Alle Rechte vorbehalten. Nachdruck, auch auszugsweise, sowie Verbreitung durch Film, Funk, Fernsehen und Internet, durch fotomechanische Wiedergabe, Tonträger und Datenverarbeitungssysteme jeder Art nur mit schriftlicher Genehmigung des Verlages.

REDAKTION:
Stefanie Poziombka

LEKTORAT:
Adelheid Schmidt-Thomé

LAYOUT UND TYPOGRAPHIE:
Claudia Fillmann

UMSCHLAGGESTALTUNG:
Claudia Fillmann,
independent Medien Design

TEXTE: Jürgen Christ

FOTOS: Barbara Lutterbeck und Jürgen Christ

FOODSTYLING:
Stefan Blömker

HERSTELLUNG:
Renate Hutt

SATZ: Filmsatz Schröter, München

REPRODUKTION:
Penta Repro, München

DRUCK UND BINDUNG:
Druckhaus Kaufmann, Lahr

ISBN 3-7742-2807-8

VITAE DER AUTOREN

Barbara Lutterbeck zählt zu den Top Ten der deutschen Food-Fotografen und hat sich ihren Kindertraum erfüllt: die Reise nach Jerusalem. In einem Palmengarten direkt am Ölberg fotografierte sie vier Wochen lang orientalisch-israelische Gerichte und ließ sich dabei von südlicher Sonne und Muhezzingesängen inspirieren. Ausgedacht hat sich die Speisen ihr »alter Spezi«

Stefan Blömker, der, welterfahren und das Exotische liebend, inzwischen zum »Executive« im Hayatt von Sharm el Sheik (Ägypten) avanciert ist und auch für die Rezepttexte verantwortlich zeichnet.

Ganz auf sich alleine gestellt war derweil Lutterbecks Ehemann

Jürgen Christ, der sich hier zu Lande als Bildjournalist einen Namen gemacht hat: Er reiste über 3000 km im Lande herum, sprach mit jedem, der ihm über den Weg lief und richtete seine Kamera auf alles, was interessant war. Einige der schönsten Aufnahmen von seinen Exkursionen sind hier zwischen den Kapiteln abgedruckt und auch die einführenden Texte stammen von ihm.

DANKSAGUNGEN AN:

Odeh Abu El-Hawa
Suleiman Arnaout
Ahmed Ashayer
Lionel Benjamin
Awni E. Insewat
Bassam Kurdieh
My Li Troung